Erschließung neuer Märkte:
Handel

Abwicklung des Zahlungsverkehrs
Banken (Dienstleistung)

Herstellung von Gütern:
Industrie

Abfederung finanzieller Risiken im Schadensfall:
Versicherungen (Dienstleistung)

Ordne die folgenden Begriffe den verschiedenen Wirtschaftszweigen zu:

- Erschließung neuer Märkte
- Abwicklung des Zahlungsverkehrs
- Herstellung von Gütern
- Abfederung finanzieller Risiken im Schadensfall

Berufliche Arbeitsteilung:
Man unterscheidet die Berufsbildung (verschiedene Berufe) und die Berufsspaltung (Spezialisierungen innerhalb eines Berufes).

Gesellschaftlich-technische Arbeitsteilung:
Man unterscheidet die Arbeitszerlegung (innerbetrieblich) und die Produktionsteilung (überbetrieblich).

Vorteil:
Zerlegung von Arbeit in Teilschritte bzw. -leistungen ermöglicht die Optimierung/Verbesserung von Produktionsergebnissen.

Nenne zwei verschiedene Formen der Arbeitsteilung.

- Riester-Rente
- Lebensversicherung
- Private Rentenversicherung
- Private Unfallversicherung
- Schwere-Krankheiten-Versicherung
- Private Berufsunfähigkeitsversicherung
- Aktien, Fonds, Immobilien
- Private Pflege-Zusatzversicherung

Welche Möglichkeiten der privaten Alters- und Rentenvorsorge gibt es?

… **substitutive** Güter.

Beispiele:
- Weizenmehl/Roggenmehl
- Butter/Margarine
- Glasflasche/PET-Flasche
- Rindfleisch/Schweinefleisch
- Öl/Gas

Gegenseitig ersetzbare Güter nennt man …

Der **dispositive Faktor** gehört zu den **betrieblichen Produktionsfaktoren** und bezeichnet die leitenden, lenkenden, organisatorischen sowie planenden Tätigkeiten in einem Unternehmen (z. B. Unternehmensleitung/Betriebsleitung).

Zu den **betrieblichen Produktionsfaktoren** gehören außerdem die sog. Elementarfaktoren: **ausführende Arbeit, Werkstoffe** (z. B. Materialien) und Betriebsmittel (z. B. Maschinen).

Wird ein Faktor durch einen anderen ersetzt, spricht man von **Substitution**.

Was ist der „dispositive Faktor"?

… **komplementäre** Güter.

Beispiele:

- PC und Software
- Squashschläger und Squashball
- Kugelschreiber und Kugelschreibermine
- Kaffeepadmaschine und Kaffeepads

Sich (sinnvoll) ergänzende Güter nennt man ...

Ja. Grundsätzlich kann man Güter in **Konsumgüter** und **Produktionsgüter** unterteilen. Beide können in Gebrauchsgüter (für längere Zeit oder dauerhaft verwendet) und Verbrauchsgüter (werden durch Verwendung verzehrt) gegliedert werden.

Konsumgut: für privaten Ge- und Verbrauch
Konsumgut + Verbrauchgut: z. B. Lebensmittel
Konsumgut + Gebrauchsgut: z. B. Wohnung

Produktionsgut: für die Produktion (untersch. in Gebrauchsgut = **Investitionsgut** und Verbrauchsgut = **Vorleistungsgut**)
Produktionsgut + Gebrauchsgut: z. B. Maschinen
Produktionsgut + Verbrauchsgut: z. B. Lacke

Kann ein Konsumgut ein Gebrauchsgut sein?

- Marktteilnehmer reagieren sofort auf Marktveränderungen
- Markttransparenz
- Homogenität der angebotenen Güter
- Keine Vorzüge auf der Nachfrageseite
- Punktmarkt

Welche Bedingungen müssen bei einem vollkommenen Markt erfüllt sein?

Alle Beschäftigten in einer Volkswirtschaft werden ausgehend von der **Drei-Sektoren-Hypothese**, wonach sich die wirtschaftliche Tätigkeit im Laufe der Zeit schwerpunktmäßig verlagert (nämlich von der Rohstoffgewinnung über die Rohstoffverarbeitung bis hin zur Dienstleistung), den drei **Wirtschaftssektoren** zugeordnet:

Primärer Sektor:
Land- und Forstwirtschaft, Bergbau, Fischerei

Sekundärer Sektor:
Industriebetriebe, produzierendes Gewerbe

Tertiärer Sektor:
Dienstleistungsbetriebe, z. B. Handel, Verkehr, Kreditinstitute

Nenne die drei Sektoren der Volkswirtschaft (Drei-Sektoren-Hypothese).

Dann gilt dein Arbeitsverhältnis auf unbefristete Zeit.

Wie ist dein Arbeitsverhältnis geregelt, wenn du nach bestandener Abschlussprüfung ohne neuen Vertrag in deinem Ausbildungsbetrieb weiterarbeitest?

Alle Arbeitnehmer, die das 25. Lebensjahr noch nicht vollendet haben (**außer Betriebsratsmitgliedern**), dürfen sich der Wahl zur Jugend- und Auszubildendenvertretung stellen.

Das heißt:

1. Du darfst **nicht** älter als 24 Jahre sein.
2. Du darfst **nicht** Mitglied im Betriebsrat sein.

Du wirst für die Wahl zur Jugend und Auszubildenden-vertretung (JAV) vorgeschlagen.

Welche Voraussetzungen musst du erfüllen, um zur Wahl zugelassen zu werden (passives Wahlrecht)?

Abfallbeseitigung (im Sinne des Gemeinwohls durch Kontrolle der Einhaltung der gesetzlichen Regelungen z. B. durch Öko- Audits)

Abfallvermeidung (z. B. Reduktion des Materialverbrauchs)

Energieeinsparung (z. B. Reduktion des Energieverbrauchs durch Stromeinsparungsmaßnahmen)

Recycling (Trennung und Wiederverwertung recycelbarer Stoffe)
Wahl von Lieferanten unter ökologischen Gesichtspunkten (z. B. im Hinblick auf die Wiederverwertungsmöglichkeit verwendeter Materialien und im Hinblick auf die Verpackung)

Nenne die maßgeblichen ökologischen Ziele, die ein Unternehmen verfolgen kann und sollte.

Dann ist der Vertrag nichtig, d. h. ungültig.

Welche rechtlichen Auswirkungen hat es, wenn in Verträgen ggf. geforderte Formvorschriften nicht eingehalten werden?

Der Gerichtsstand ist dann der Erfüllungsort, d. h. der Sitz der Lieferantenfirma.

Welche Auswirkung hat es für den Gerichtsstand einer Klage, wenn in einem Kaufvertrag ausdrücklich der Sitz der Lieferantenfirma als Erfüllungsort vereinbart wird?

Laut **gesetzlicher Kündigungsfrist** (§§ 622 ff. BGB) kann ein **Arbeitnehmer** mit einer Frist von vier Wochen zum 15. oder zum Ende des Kalendermonats kündigen.

Für den Arbeitgeber gelten **Fristen von einem Monat bis zu sieben Monaten zum Monatsende**, je nachdem, wie lange der Mitarbeiter in dem Betrieb beschäftigt war.

Die Kündigung muss in schriftlicher Form erfolgen, darf aber **nicht** auf elektronischem Wege (z. B. als E-Mail) übermittelt werden.

Wie lautet die gesetzliche Kündigungsfrist für Arbeitnehmer und Arbeitgeber?

Beteiligung an Betriebsratssitzungen, wenn es in der Tagesordnung um Belange von Jugendlichen und Auszubildenden geht: Ja.

Widerspruch gegen die Kündigung eines Auszubildenden:
Nein. Dieses Recht hat lediglich der Betriebsrat.

Hat die JAV das Recht, an Betriebsratssitzungen teilzunehmen, wenn es in einer solchen auch um Fragen der Berufsausbildung geht, und hat sie das Recht, der Kündigung eines Auszubildenden zu widersprechen?

- **Unterweisung** der Mitarbeiter über die Unfallverhütungsvorschriften (vor Beginn der Beschäftigung und dann einmal jährlich)
- Aufstellen von **Gesundheitsschutzkennzeichnungen** (Verbots-, Gebots-, Warn-, Rettungs- und Brandschutzzeichen)

Welche Maßnahmen muss ein Unternehmen ergreifen, um den Arbeitsschutz hinreichend zu gewährleisten?

Ergänzend können zum Beispiel folgende Versicherungen abgeschlossen werden:

- Private Krankentagegeld-Versicherung
- Private Krankenhaustagegeld-Versicherung
- Private Zahnzusatzversicherung

Welche zusätzlichen Möglichkeiten der privaten Absicherung für den Krankheitsfall gibt es ergänzend zum Schutz der gesetzlichen Krankenkasse?

Beim **Pachtvertrag** wird die Überlassung eines Gegenstandes **und** der Erträge daraus (Nutzung und Fruchtziehung) gegen Entgelt vereinbart.

Im Gegensatz dazu steht der **Mietvertrag**, bei dem lediglich die Überlassung einer Sache gegen Entgelt vereinbart wird (ohne die Möglichkeit einer Fruchtziehung).

Welche wesentlichen Merkmale weist ein Pachtvertrag auf und wie unterscheidet sich dieser vom Mietvertrag?

Ja. Ein Käufer, dem mangelhafte Ware zugestellt wurde, kann (z. B. nach erfolgloser Nacherfüllung) vom Kaufvertrag zurücktreten und zusätzlich Schadensersatz fordern, wenn ihm hierdurch ein Schaden entstanden ist.

Beispiel: Ein Kunde kauft einen Kühlschrank. Der Kunde stellt nach einem Tag fest, dass dieser defekt ist, und reklamiert die Ware. Eine Nacherfüllung erfolgt nicht. Der Kunde tritt vom Kaufvertrag zurück und gibt den Kühlschrank zurück. Die im Kühlschrank eingelagerte Ware ist verdorben. In diesem Fall kann er von der Firma Schadensersatz für die verdorbene Ware fordern und notfalls auch gerichtlich einklagen.

Ein Käufer, dem mangelhafte Ware zugestellt wurde, tritt vom Kaufvertrag zurück. Hat er in diesem Fall dennoch zusätzlich das Recht auf Schadensersatz?

Das Verwaltungsgericht.

Welches Gericht ist zuständig, wenn es um Streitigkeiten über die Verfahrensweise bei der Abschlussprüfung oder um Klagen in Bezug auf schulische Noten geht?

Homogene Güter sind Güter, die **gleichartig** sind. Diese müssen nicht völlig identisch sein, weisen aber aus natürlichen Gründen keine (oder kaum) Qualitätsunterschiede auf und sind aus diesem Grund vollständig gegeneinander austauschbar.

Beispiele: Benzin der Tankstelle A und der Tankstelle B, Zucker der Marke A und der Marke B, elektrischer Strom

Heterogene Güter sind **ungleichartige** Güter. Sie unterscheiden sich zum Beispiel in Qualität, Größe, Zweck etc. und sind nur in gewissem Umfang gegeneinander austauschbar.

Beispiele: verschiedene Automarken, verschiedene Kaffeesorten

Worin unterscheiden sich homogene Güter von heterogenen Gütern?

Ein **Frachtvertrag** (= Werkvertrag) wird zwischen dem **Absender** und dem **Frachtführer** geschlossen (**ggf. mündlich**). Er legt fest, dass der Absender die Versandkosten zahlt und der Frachtführer die Ware zum Empfänger liefert (= **Beförderung**).

Ein **Speditionsvertrag** (= Dienstvertrag) wird zwischen **Absender** und **Spediteur** geschlossen. Der Spediteur organisiert den Transport/die Lieferung. Er schließt dafür ggf. einen Frachtvertrag mit einem Unternehmen (Frachtführer), das die Ware dann letztendlich ausliefert (= **besorgt die Beförderung**).

Erkläre den Unterschied zwischen einem Fracht- und einem Spediteurvertrag und gib jeweils an, ob es sich um einen Dienst- oder einen Werkvertrag handelt.

Zur Anfrage: Nein. Eine Anfrage ist rechtlich nicht bindend.

Zum Angebot: Ein Angebot ist unter bestimmten Bedingungen rechtlich bindend. Folgende Voraussetzungen müssen z. B. erfüllt sein:

- Das Angebot ist an eine bestimmte Person gerichtet.
- Das Angebot enthält wichtige Vertragsbestandteile wie z. B. Menge, Art, Güte und Preis der Ware.
- Das Angebot enthält keine Freizeichnungsklauseln, die die rechtliche Bindung einschränken.

Sind die Anfrage eines Käufers und das Angebot eines Lieferanten grundsätzlich rechtlich bindend?

- Fortbildung
- Umschulung

Das Berufsbildungsgesetz sieht für die Berufsbildung laut § 1 nicht nur die Berufsausbildung vor.

Nenne zwei Aspekte, die laut Gesetz noch vorgesehen sind.

Das **Mutterschutzgesetz** (MuSchG) gilt für Arbeitnehmerinnen unabhängig vom Arbeitsverhältnis (z. B. Azubis, Teilzeitkraft o. Ä.). Es beinhaltet spezielle Schutzfristen bei Schwangerschaft, wie zum Beispiel die Schutzfrist (Arbeitsverbot) **vor** der Geburt: **sechs** Wochen (auf besonderen Wunsch der Arbeitnehmerin kann diese Frist verkürzt werden) und die Schutzfrist (Arbeitsverbot) **nach** der Geburt: **acht** Wochen (bei Früh- und Mehrlingsgeburten zwölf Wochen).

Werdende Mütter dürfen keine gefährdenden Arbeiten übernehmen. Ihr Arbeitsplatz und die Arbeitsabläufe dürfen keine Gefahren für Mutter und Kind bergen.

Was besagt das Mutterschutzgesetz?

Nein. Er hat zwar Mitsprache- und Informationsrechte, wenn solche Regelungen eingeführt werden sollen. Er hat aber kein Mitbestimmungsrecht.

Hat der Betriebsrat das Recht, im Unternehmen Gleitzeit und Kurzarbeit einzuführen?

Ja. Laut § 102 III BetrVG hat der Betriebsrat **Widerspruchsrecht** bei ordentlichen Kündigungen. Für den Widerspruch muss eine **Frist von einer Woche** gewahrt werden.

Einem Arbeitnehmer soll gekündigt werden (ordentliche Kündigung). Der Betriebsrat widerspricht.

Hat er das Recht dazu?

Der Käufer wird bei **Übergabe bzw. Zustellung** des Kaufgegenstandes Besitzer.

Wenn der **Eigentumsvorbehalt** gilt, dann bleibt der Verkäufer bis zur vollständigen Bezahlung des Kaufpreises Eigentümer.

Wenn der Käufer den Rechnungsbetrag dann **vollständig bezahlt** hat, wird er Eigentümer der Sache.

Bei einem Kaufvertrag wird ein Eigentumsvorbehalt vereinbart. Der Kunde bezahlt auf Rechnung.
Wann genau wird der Käufer in diesem Fall Besitzer und wann wird er Eigentümer des Kaufgegenstandes?

Bei Bestellung der Waren.

Ein Kunde bittet einen Lieferanten um ein Angebot. Der Lieferant erstellt ein Angebot, der Kunde bestellt daraufhin die im Angebot angegebenen Waren.

Wann genau kommt der Kaufvertrag zustande?

1. Antrag auf Erlass eines Mahnbescheides
2. Zustellung des Mahnbescheides
3. Wenn der Schuldner nicht reagiert: Antrag auf Vollstreckungsbescheid
4. Zustellung des Vollstreckungsbescheides
5. Einspruch durch den Schuldner
6. Mündliche Verhandlung
7. Urteilsfindung (z. B. Zwangsvollstreckung)

Wie läuft das gerichtliche Mahnverfahren ab?
Beginne mit dem Antrag auf Erlass eines Mahnbescheides und nenne weitere mögliche Schritte bis hin zur Urteilsfindung. Gehe dabei davon aus, dass der Schuldner auf den Mahnbescheid nicht reagiert.

Ja, mit einer Frist von vier Wochen.

Kann ein Azubi einen Ausbildungsvertrag nach Ablauf der Probezeit kündigen?

Nein, da es sich nicht um eine(n) Auszubildende(n) handelt und der Mitarbeiter nicht länger als sechs Monate angestellt war (§ 1 Abs. 1 KSchG). In einem solchen Fall gibt es **keinen Kündigungsschutz**.

Ein Mitarbeiter hat zum 01.03. des Jahres eine Stelle in deinem Ausbildungsbetrieb angetreten. Nach fünf Monaten wird ihm gekündigt. Der Mitarbeiter erhebt Einspruch und beruft sich auf das Kündigungsschutzgesetz. Bekommt er Recht?

Gleitzeit.

In den Betriebsvereinbarungen werden darüber hinaus Regelungen getroffen, die die Arbeitszeit betreffen (z. B. Beginn und Ende der täglichen Arbeitszeit, Verteilung der Arbeitszeit auf die Wochentage), die Pausenzeiten, auch die Urlaubszeiten (nicht aber den Urlaubsanspruch).

Welche der folgenden Regelungen werden in den Betriebsvereinbarungen geregelt:

- Mindesturlaub
- Entgelt
- Kündigungsfristen
- Gleitzeit

Ja. Laut **Bundesurlaubsgesetz** hat jeder Arbeitnehmer (auch Azubis) das Recht auf **24 Tage Urlaub** bei einer 6-Tage- Woche. Bei einer 5-Tage-Woche reduziert sich der Anspruch auf **20 Tage**.

Hinweis: Für Jugendliche gelten laut Jugendarbeitsschutzgesetz andere Regelungen (je nach Alter gelten hier 25-30 Tage Urlaubsanspruch).

Der Mindesturlaubsanspruch kann zum Beispiel in Manteltarifverträgen durch entsprechende Vereinbarungen zugunsten der Arbeitnehmer(innen) erhöht werden.

Ein 18-jähriger Azubi kontrolliert seine Urlaubstage und stellt fest, dass ihm bei einer 6-Tage-Woche 20 Tage Urlaub gewährt wurden. Er beschwert sich, beruft sich auf das BUrlG und fordert 24 Tage. Hat er das Recht dazu?

Sachbezogene Dienstleistungen beziehen sich auf ein Objekt: z. B. Kfz-Reparatur, Kredit für die Finanzierung eines Pkw, Leistungen einer Spedition.

Personenbezogene Dienstleistungen erfolgen an oder mit einer Person: z. B. Arztbehandlungen, Physiotherapie, Privatunterricht.

Erkläre den Unterschied zwischen sachbezogenen und personenbezogenen Dienstleistungen.
Nenne jeweils ein Beispiel.

Sie gehört zum **gemeinwirtschaftlichen Ziel** (Bedarfsdeckung).

Zum **erwerbswirtschaftlichen Ziel** gehört z. B. die Gewinnerzielung.

Gehört die Versorgung der Allgemeinheit mit Gütern und Dienstleistungen zum erwerbswirtschaftlichen oder zum gemeinwirtschaftlichen Ziel von Unternehmen?

Der Kaufvertrag kommt zunächst nicht zustande. Durch die Änderung der Stückzahl handelt es sich bei der Bestellung um einen neuen Antrag.

Erst wenn der Lieferant diesen Antrag annimmt (z. B. durch eine entsprechende Auftragsbestätigung oder die Lieferung der Ware), kommt ein Kaufvertrag zustande.

Ein Lieferant erstellt auf Anfrage eines Kunden ein Angebot. Der Kunde ändert bei der Bestellung die im Angebot angegebene Stückzahl. Welche Auswirkung hat diese

Bestellung auf das Zustandekommen des Kaufvertrags?

Nur dann, wenn für die Lieferung ein fester Termin ausdrücklich vertraglich vereinbart wurde (**Fixkauf**).

Wenn dies nicht der Fall ist, muss dem Lieferanten zunächst eine angemessene Nachfrist gesetzt werden. Erst wenn diese fruchtlos verstreicht, kann der Käufer vom Vertrag zurücktreten.

In welchem Fall kann ein Käufer vom Kaufvertrag **sofort** zurücktreten, wenn ihm Ware zu spät geliefert wird (Lieferverzug)?

Vier Monate.

Wie lange darf die Probezeit für einen Ausbildungsvertrag maximal andauern?

Die Berufsgenossenschaft.

Du fährst mit deinem Fahrrad zu deinem Ausbildungsbetrieb und stürzt vom Fahrrad. Dein Bein ist gebrochen.

Wer muss in diesem Fall die Arzt und Behandlungskosten zahlen?

Ja.

Laut **§ 9 BUrlG** darf ärztlich attestierte Arbeitsunfähigkeit nicht auf den Jahresurlaub angerechnet werden. Auch ausländische ärztliche Atteste müssen anerkannt werden.

Du verbringst deinen Urlaub in Spanien und wirst währenddessen krank. Du lässt dir ein ärztliches Attest ausstellen. Kannst du dir die Urlaubstage rückwirkend gutschreiben lassen?

Ja, laut § 98 BetrVG darf er mitbestimmen, wenn es um die Durchführung von Schulungen etc. geht.

In deinem Ausbildungsbetrieb sollen betriebliche Bildungsmaßnahmen durchgeführt werden. Der Betriebsrat möchte hier mitbestimmen. Darf er das?

Bildung

Die volkswirtschaftlichen Produktionsfaktoren Boden, Arbeit und Kapital können durch einen weiteren Faktor ergänzt werden. Welcher ist das?

Sie sollte laut § 10 Abs. 1 BBiG jährlich ansteigen.

Was sollte in Bezug auf die Vergütung von Auszubildenden mit fortschreitender Berufsbildung gewährleistet sein?

1. Kündigung des Tarifvertrags und Aufnahme von Tarifverhandlungen
2. Ggf. Warnstreiks
3. Schlichtungsverfahren, bei Scheitern der Schlichtung →
4. Urabstimmung über eine Arbeitskampfmaßnahme (Streik bei 75 % Zustimmung der Gewerkschaftsmitglieder)
5. Ausrufung des Streiks, Beginn des Streiks, Streikdurchführung
6. Wiederaufnahme der Verhandlungen
7. Abschluss eines neuen Tarifvertrags
8. Urabstimmung über das Ergebnis der neuen Tarifverhandlungen
9. Nach Annahme durch die Gewerkschaftsmitglieder Beendigung des Streiks

Nenne die einzelnen Schritte bzw. Phasen einer Tarifauseinandersetzung.

- Bevorzugtes Geschlecht
- Bevorzugte Nationalität
- Bevorzugter Familienstand

Welche Hinweise dürfen in einem Anzeigentext für eine externe Stellenausschreibung nicht enthalten sein?

Nein. Die Berechtigung zur Wahl der JAV-Mitglieder (aktives Wahlrecht) haben **nur jugendliche Beschäftigte** (die das 18. Lebensjahr noch nicht vollendet haben) oder beschäftigte **Arbeitnehmer, die das 25. Lebensjahr** noch nicht vollendet haben **und** die zu ihrer Berufsausbildung beschäftigt werden (hierzu gehören nicht nur Azubis, sondern auch z. B. auch Volontäre, Teilnehmer von Umschulungen oder berufsvorbereitenden Maßnahmen etc.).

Eine neunzehnjährige Arbeitnehmerin deines Ausbildungsbetriebes möchte an der Wahl für die Mitglieder der JAV teilnehmen. Hat sie das Wahlrecht?

Rechnungen müssen **sachlich** und **rechnerisch** geprüft werden:

Sachliche Prüfung

- Warenart und Menge, Liefer- und Zahlungsbedingungen
- Angabe der Einzelpreise, Skonto und Rabatte
- Verpackungs- und Bezugskosten, sonstige Vereinbarungen

Rechnerische Prüfung

- Multiplikation der Einzelpreise mit den Mengen
- Berechnung des Rabatts und des Skontobetrages
- Berechnung des Umsatzsteuerbetrages
- Rechnungsendbetrag

Wie müssen Rechnungen geprüft werden?

Nein, da es zu den wesentlichen Pflichten des Auszubildenden gehört, Betriebsgeheimnisse zu wahren.

Ein Freund deiner Mutter fragt dich über deinen Ausbildungsbetrieb aus und möchte alles über die Geschäftsprozesse wissen. Du sollst ihn ausführlich informieren. Darfst du das?

Durch Arbeitsteilung wird die Produktivität erhöht.

In welcher Abhängigkeit steht die Arbeitsteilung von der Produktivität?

Wenn das **Einwirken höherer Gewalt** im Spiel ist. Das können zum Beispiel Brände, Unwetter, aber auch Streiks sein.

Wenn genau diese Umstände dazu geführt haben, dass die Ware nicht rechtzeitig angeliefert werden konnte, kann dies dem Lieferanten nicht angelastet werden.

In welchem Fall trifft einen Lieferanten, der Ware nicht rechtzeitig liefert (Lieferungsverzug), kein Verschulden?

Am Ort des Käufers.

An welchem Ort kann eine Firma einen Käufer auf Zahlung verklagen, wenn vertraglich kein Erfüllungsort vereinbart wurde?

Nein. Es ist laut **Jugendarbeitsschutzgesetz** untersagt. Dies dient dem Gesundheitsschutz von Jugendlichen.

Dürfen Jugendliche regelmäßig in der Fließbandarbeit eingesetzt werden?

Bürostuhl:
Mit gepolsterter und höhenverstellbarer Rückenlehne.

Zimmertemperatur:
20-22 °C, genügend Schreibfläche, Tisch höhenverstellbar.

Geräte:
Aufstellung nach Arbeitsablauf, häufig benötigte Arbeitsmittel in die Mitte stellen.

Beleuchtung:
ausreichend Tageslicht oder künstliche Beleuchtung; Lichteinfallrichtung sollte so gewählt werden, dass keine Hand- und Körperschatten entstehen.

Was muss in Bezug auf einen optimalen Arbeitsplatz gewährleistet sein? Nenne hierzu einige Beispiele.

Ganz wichtig: Steckdosen/Anschlussdosen im Boden müssen fußbodenbündig abgedeckt sein, wenn sie nicht in Benutzung sind.

Was muss bei in den Fußboden eingelassenen Steckdosen gewährleistet sein, damit die Unfallverhütungsvorschriften eingehalten werden?

Verbotszeichen:
rote Umrandung, schwarzes Symbol

Brandschutzzeichen:
roter Grund, weißes Symbol

Rettungszeichen:
grüner Grund, weißes Symbol

Gebotszeichen:
blauer Grund, weißes Symbol

Warnzeichen:
gelber Grund, schwarzes Symbol

Welche farbliche Gestaltung haben Verbots-, Brandschutz-, Rettungs-, Gebots- und Warnzeichen?

- Flimmerfreies, verzerrungsfreies, gleichmäßiges und stabiles Bild
- Scharfe, deutliche und ausreichend große Zeichen
- Bildschirmgerät ausreichend groß, drehbar, neigbar
- Gute Helligkeit und hoher Kontrast
- Blendfreie Oberfläche
- Abstand zum Bildschirm mind. 50 cm
- Position des Bildschirms parallel zum Fenster
- Bildschirm seitlich zum Lichteinfall

Wie lauten die einzelnen Bedingungen, die in der Bildschirmarbeitsplatzverordnung gefordert werden?

Der Preis, bei dem Angebot und Nachfrage im Gleichgewicht sind.

In einem Marktdiagramm liegt der Gleichgewichtspreis (**Marktausgleichspreis**) im Schnittpunkt von Angebot und Nachfrage.

Was ist der sogenannte Gleichgewichtspreis?

Sowohl bei der **Hypothek** als auch bei der **Grundschuld** handelt es sich um ein Grundpfandrecht, das beim Kauf einer Immobilie als Sicherheit für den Darlehensgeber dient. Beide werden in das Grundbuch eingetragen.

Während die Hypothek jedoch fest mit einer bestimmten Forderung (i. d. R. einem Darlehen) verbunden ist, kann die Grundschuld auch anderweitig eingesetzt werden. Zum Beispiel kann sie nach Rückzahlung des Darlehens für einen weiteren Kredit oder eine Umschuldung genutzt werden.

Worin unterscheidet sich die Hypothek von der Grundschuld?

25.000,00 €

Wie hoch muss das Stammkapital bei der Gründung einer GmbH mindestens sein?

Bruttoinlandsprodukt (BIP): Wert aller im Laufe eines Jahres in einem Land erzeugten Waren und geleisteten Dienste. Mit ihm wird die Leistung einer Volkswirtschaft bemessen. Das **reale** BIP errechnet sich mittels des Preisindex aus dem **nominalen** BIP:

$$\text{BIP real} = \frac{\text{BIP nominal}}{\text{Preisindex}} \times 100$$

Berücksichtigt werden hierbei nur Wertschöpfungen, die innerhalb des Landes erbracht wurden (Inlandsprinzip).

Was ist das Bruttoinlandsprodukt?

Steuererhöhungen: Durch Erhöhung der Steuern steht den Privathaushalten weniger Einkommen zur Verfügung. Die Folge: Die Konjunktur wird **gedämpft**.

Steuersenkungen: Hierdurch steht den Privathaushalten mehr Einkommen zur Verfügung. Die Folge: Die Konjunktur wird **belebt**.

Welche Auswirkungen haben Steuererhöhungen und Steuersenkungen auf die Konjunktur?

Eine Sicherungsübereignung als Kreditsicherung ist zum Beispiel bei der Anschaffung beweglicher Sachen (Maschinen, Fahrzeuge, Geräte) sinnvoll.

Beispiel für eine Sicherungsübereignung:
Für den Kauf eines Lkw dient der Lkw selbst als Kreditsicherung.

Wann ist eine Sicherungsübereignung als Kreditsicherung sinnvoll? Nenne hierzu ein Beispiel.

Mindestens drei.

Wie viele Mitglieder sind nötig, um in Deutschland eine Genossenschaft zu gründen?

Bruttonationaleinkommen (BNE): zu Marktpreisen berechneter Wert aller in einer Volkswirtschaft von den Bewohnern des Staates in einem bestimmten Zeitraum produzierten Güter- und Dienstleistungen.

Bei der Berechnung wird das vom Ausland empfangene und geleistete Erwerbs- und Vermögenseinkommen mit berücksichtigt.

Beim BNE ist nicht ausschlaggebend, dass die Wertschöpfung im Land erbracht wurde, sondern nur, dass sie von einer in Deutschland lebenden Person erbracht wurde (Inländerprinzip). Hierin liegt die Abgrenzung zum BIP.

Was ist das Bruttonationaleinkommen?

Durch sie werden Unternehmen dazu animiert, Investitionen zu tätigen. Dies wiederum **belebt** die Konjunktur.

Welche Auswirkungen haben Abschreibungsvergünstigungen (Sonderabschreibungen) auf die Konjunktur?

Laut § 121 HGB richtet sich die Gewinnverteilung bei einer Offenen Handelsgesellschaft (OHG) nach der Höhe der Kapitaleinlage.

Diese wird mit **4 % verzinst**. Der Rest wird **nach Köpfen** verteilt.

Welche Regelung liefert das HGB in Bezug auf die Gewinnverteilung einer OHG?

Ausgleichsfunktion: Der Preis „gleicht" die entgegengesetzten Interessen von Anbietern und Nachfragern aus (Gleichgewichtspreis).

Signalfunktion: Der Preis „signalisiert" den Knappheitsgrad der Güter; das Güterangebot wird knapper, wenn der Preis steigt und die Nachfrage gleich bleibt.

Lenkungsfunktion: Der Preis „lenkt", d. h. steuert das Angebot (Produktion von Gütern, nach denen die größte Nachfrage herrscht und für die die höchsten Preise erzielt werden).

Ausschaltungsfunktion: Anbieter und Nachfrager, die den Marktpreis nicht akzeptieren, werden „ausgeschaltet".

Erziehungsfunktion: Verbraucher werden „erzogen", sparsam (preisgünstig) einzukaufen, Anbieter dazu, kostengünstig zu produzieren.

Nenne die verschiedenen Funktionen des vollkommenen Marktes.

- Zölle
- Abschöpfungen (beim Import werden niedrige Weltmarktpreise bei der Einfuhr angepasst)
- Verbrauchssteuern
- Einfuhrumsatzsteuer

Nenne Beispiele für Eingangsabgaben.

Bedürfnisse entstehen aus einem Gefühl des Mangels heraus (z. B. Hunger, Durst), den der Mensch beseitigen möchte.

Bedarf entsteht, wenn der Mensch zur Bedürfnisbefriedigung Kaufkraft einsetzen kann bzw. möchte (z. B. mit dem zur Verfügung stehenden Geld Güter kaufen kann bzw. möchte).

Nachfrage ist der Teil des Bedarfes, der am Markt durch Einsatz der zur Verfügung stehenden Mittel wirksam wird.

Beispiel:

Bedürfnis: Bedürfnis nach Nahrung

Bedarf: Wunsch, ein Brötchen zu kaufen, und die Mittel, ein Brötchen kaufen zu können.

Nachfrage: Kauf des Brötchens

Welcher Zusammenhang besteht zwischen „Bedürfnis", „Bedarf" und „Nachfrage"?

Über die Verwendung des Jahresgewinns einer GmbH wird erst im Folgejahr entschieden.

Wenn die freiwilligen Rücklagen (Gesellschafterversammlung) feststehen, werden diese vom Gewinn abgezogen.

Die **Gewinnverteilung des restlichen Betrages** kann nach **Geschäftsanteilen** (Anteile der Gesellschafter am Gesamtkapital) erfolgen. Es steht jedoch jeder GmbH frei, die Gewichtung selbst zu regeln (z. B. in Abhängigkeit von der Funktion, den Aufgaben oder den Sacheinlagen der Gesellschafter).

Wie ist die Gewinnverteilung bei einer GmbH gesetzlich geregelt?

Es hat die Aufgabe, die **Marktbeherrschung durch einzelne Unternehmen** zu verhindern.

Diese tritt ein, wenn ein Unternehmen keine Wettbewerber hat, das Unternehmen einen Marktanteil von über einem Drittel hat oder wenn bis zu drei Unternehmen einen gemeinsamen Marktanteil von **mindestens 50 %** haben.

Wenn also zwei Unternehmen fusionieren wollen, die nach der Fusion zusammen einen Marktanteil von über 50 % besitzen würden, würde das Bundeskartellamt einschreiten und die Fusion verhindern.

Welche Funktionen hat das Bundeskartellamt?

Der **Außenbeitrag** zeigt das Verhältnis von Exporten zu Importen. Er wird in der Leistungsbilanz erfasst.

Man unterscheidet den positiven Außenbeitrag (**Exportüberschuss**) und den negativen Außenbeitrag (**Importüberschuss**).

Was ist der sogenannte Außenbeitrag?

Nach Festsetzung der Gewinnverwendung (Abzug der gesetzlich festgelegten Rücklagen = 5 % des Jahresüberschusses und der freiwilligen Rücklagen) erfolgt die **Gewinnverteilung je nach Verhältnis** der Einlagen des einzelnen Aktionärs zum gesamten eingezahlten Aktienkapital.

Wie ist die Gewinnverteilung bei einer AG gesetzlich geregelt?

- Gewinnerzielung
- Kostendeckung
- Marktversorgung (Bedarfsdeckung)

Welche Ziele verfolgt ein Unternehmen im Allgemeinen?

Das **Gesetz gegen den unlauteren Wettbewerb** (UWG) bestimmt, was gegen das **Wettbewerbsrecht** verstößt.

- Verbraucher dürfen nicht unter Druck gesetzt werden, auch darf deren Leichtgläubigkeit nicht ausgenutzt werden.
- Verbraucher dürfen nicht unaufgefordert angerufen werden, um Geschäftsabschlüsse am Telefon zu bewirken.
- Mitbewerber dürfen nicht verunglimpft oder behindert werden.
- Produkte dürfen nicht unter dem Selbstkostenpreis angeboten werden, um die Konkurrenz vom Markt zu drängen.
- Weitere Beispiele: irreführende Werbung, Verkauf von Plagiaten, falsche/unvollständige Angaben

Was genau regelt das Gesetz gegen den unlauteren Wettbewerb?

Die Gewinnverteilung einer **Kommanditgesellschaft** (KG) richtet sich nach der Höhe der Kapitaleinlage. Diese wird mit **4 % verzinst** (§ 168 HGB).

Der **Rest** wird in **angemessenem Verhältnis** zur individuellen Einlage unter den Gesellschaftern aufgeteilt. Die Verteilung des Restgewinns muss vertraglich geregelt sein.

Wie ist die Gewinnverteilung bei einer KG gesetzlich geregelt?

Mit Eintragung in das Handelsregister beim zuständigen Amtsgericht.

Wann genau erlangt eine GmbH die Rechtsfähigkeit?

Wenn das Angebot größer ist als die Nachfrage (**Angebotsüberhang**), hat das zur Folge, dass die Käufer den Markt bzw. das Marktgeschehen bestimmen. Dann spricht man von einem **Käufermarkt**.

Was ist der sogenannte Käufermarkt?

Direkte Steuern: Der Steuerpflichtige zahlt diese direkt an die Finanzbehörde; er führt diese also direkt an den Staat ab (z. B. Lohnsteuer).

Indirekte Steuern: Bei diesen Steuern zahlt ein Dritter die Steuern, diese werden über den Preis einer Ware oder Dienstleistung erhoben, d. h., sie werden abgewälzt (z. B. Tabaksteuer).

Worin unterscheiden sich direkte von indirekten Steuern?

Schmierstoff:
Werkstoffe

PC und Drucker:
Betriebsmittel

Erstellung der Lohnabrechnung:
Arbeit

Tätigkeiten des Abteilungsleiters:
Dispositiver Faktor

Ordne folgende Güter den betriebswirtschaftlichen Produktionsfaktoren zu: Schmierstoff, PC und Drucker, die Erstellung der Lohnabrechnung, die Tätigkeiten eines Abteilungsleiters.

Lombardkredit: Hierbei handelt es sich um einen kurzfristigen Kredit, den die Bank gegen Verpfändung beweglicher Vermögensgegenstände oder Wertpapiere (z. B. Wechsel, Edelmetalle) gewährt.

Akzeptkredit: Hierbei handelt es sich um eine i. d. R. kurzfristig angelegte Kreditleihe, bei der das Kreditinstitut (Bank) den Wechsel eines Kunden (i. d. R. nur gut funktionierender Unternehmen) akzeptiert. Hier wird kein Geld in Anspruch genommen, die Bank stellt lediglich ihre eigene Kreditwürdigkeit „zur Verfügung“.

Was ist ein Lombardkredit und was ist ein Akzeptkredit?

Gesamtprokura (= „gemischte Vertretung“) bedeutet, dass ein Prokurist nur **zusammen** mit einem zweiten Prokuristen (= echte Gesamtprokura) oder zusammen mit einem Gesellschafter, einem Geschäftsführer oder einem Vorstandsmitglied (zeichnungsbefugte Personen = unechte Gesamtprokura) vertretungsberechtigt ist.

In der Einzelprokura hingegen ist der Prokurist allein berechtigt.

Worin unterscheidet sich die echte Gesamtprokura von der unechten?

Ja, aber nur bei **Vereinbarungen zwischen Unternehmen** (§§ 444 BGB).

Die Gewährleistungsfrist darf nicht eingeschränkt werden, wenn es um Kaufverträge zwischen Unternehmen und privaten Verbrauchern geht (Ausnahme: gebrauchte Güter).

Ist es rechtlich zulässig, die Gewährleistungsfristen durch Individualvereinbarungen einzuschränken?

Was ist die sogenannte Anscheinsvollmacht?

Eine **Anscheinsvollmacht** liegt vor, wenn ein Dritter (z. B. der Kunde eines Unternehmens) dem offenkundigen Anschein nach davon ausgehen muss, dass ein Mitarbeiter des Unternehmens, mit dem er einen Vertrag (z. B. Kaufvertrag) abschließt, hierfür Handlungsvollmacht besitzt.

Auch wenn dies nicht der Fall ist, hat das Unternehmen die **Pflicht zur Erfüllung** und der Dritte **Erfüllungsanspruch**.

Was besagt die Fluktuationsstatistik und wozu ist sie dienlich?

Sie trifft Aussagen über Ab- und Zugänge des Personals und ist dafür geeignet, den **zukünftigen Personalbedarf** zu planen.

Sie liefert außerdem Hinweise zur **Mitarbeiterzufriedenheit** und gibt gegebenenfalls Informationen zum Betriebsklima in einem Unternehmen oder zur Mitarbeiterfreundlichkeit von Führungsstilen oder -techniken der Vorgesetzten in einem Unternehmen.

Das Bundesgesetz zur Förderung der Stabilität und des Wachstums der Wirtschaft (StabG) stammt aus dem Jahr 1967 und erklärt das **gesamtwirtschaftliche Gleichgewicht** zum Staatsziel.

Die einzelnen Ziele sind im „**Magischen Viereck**“, das in § 1 des StabG beschrieben ist, wiedergegeben: Preisniveaustabilität, hoher Beschäftigungsgrad, außenwirtschaftliches Gleichgewicht, stetiges und angemessenes Wirtschaftswachstum. „Magisch“ wird es deshalb genannt, weil nicht alle Ziele immer gleichzeitig verfolgt werden können (es herrschen Zielkonflikte).

Erkläre das sogenannte Stabilitätsgesetz.

Für welche gesetzliche Sozialversicherung gilt der Sozialversicherungsausweis?

Für die gesetzliche Rentenversicherung.

Wer zahlt Körperschaftsteuer?

Juristische Personen (z. B. eine GmbH oder eine AG) zahlen die sogenannte Körperschaftsteuer.

Die Höhe der Körperschaftsteuer ist abhängig vom Gewinn der Kapitalgesellschaft.

Was ist ein Diskontkredit und was ist ein Kontokorrentkredit?

Diskontkredit:
Hierbei handelt es sich um einen kurzfristigen Kredit, bei dem die Bank einen nicht fälligen Wechsel diskontiert. Im Klartext: Die Bank kauft den Wechsel auf, zieht hiervon Zinsen und Kosten ab und zahlt den entsprechenden Wert aus.

Kontokorrentkredit („Überziehungskredit"):
Hierbei handelt es sich um eine Form des Bankkredits, bei der die Bank für ein Konto eine Kreditlinie einräumt, bis zu deren Höhe das Konto überzogen werden darf.

Worin unterscheidet sich ein Handlungsreisender von einem Handelsvertreter?

Handlungsreisender:
Ist Angestellter eines Unternehmens, er erhält Lohn/Gehalt und ggf. zusätzlich Erfolgsprämien oder Provisionen.

Handelsvertreter:
Ist selbstständig tätig, vermittelt Aufträge in fremden Namen und auf fremde Rechnung. Er erhält in der Regel eine Provision.

Welche Voraussetzung muss in Bezug auf die Anzahl der Gesellschafter gegeben sein, wenn eine OHG gegründet werden soll?

Laut HGB und BGB sind mindestens zwei Gesellschafter notwendig.

Ökonomische und ökologische Ziele sind manchmal unvereinbar und stehen damit in einem Zielkonflikt.

In welchen Fällen ist dies nicht der Fall?
Nenne einige Beispiele.

- Sparsame Verwendung von Rohstoffen
- Stromeinsparmaßnahmen
- Wiederverwendung bereits vorhandener Verpackungsmaterialien

Nenne Beispiele für Besitzsteuern, Verkehrssteuern und Verbrauchssteuern. Gib jeweils an, ob es sich bei den Beispielen um eine direkte oder eine indirekte (abwälzbare) Steuer handelt.

Besitzsteuern:
Grundsteuer (direkt), Einkommensteuer (direkt),Körperschaftsteuer (direkt), Erbschaftssteuer (direkt), Gewerbeertragsteuer (direkt)

Verkehrsteuern:
Grunderwerbsteuer (direkt), Kfz-Steuer (direkt), Umsatzsteuer (indirekt)

Verbrauchssteuern:
Biersteuer (indirekt), Mineralölsteuer (indirekt)

Definiere den sogenannten Spezifikationskauf.

Der Spezifikationskauf wird auch Bestimmungskauf genannt.
Es handelt sich um den Kauf einer Ware, deren Eigenschaften (z. B. Form, Maß, Farbe) innerhalb einer Frist vom Käufer näher bestimmt werden (z. B. Farbe und Größe von Kieselsteinen).